To.

너는 나의

소중한 자녀란다.

From.하나님

어린이 시편 한 달 쓰기

엮은이 | 두란노 편집부
초판 발행 | 2020. 9. 23
개정판 3쇄 | 2025. 1. 13
등록번호 | 제1988-000080호
등록된 곳 | 서울특별시 용산구 서빙고로65길 38
발행처 | 사단법인 두란노서원
영업부 | 2078-3333   FAX | 080-749-3705
출판부 | 2078-3331

책값은 뒤표지에 있습니다.
ISBN 978-89-531-4287-9 04230
     978-89-531-3859-9 (세트)

독자의 의견을 기다립니다.
tpress@duranno.com   www.duranno.com

66 어린이
시편 한 달 쓰기

마음에 힘을 주는 31개 핵심 구절

SHALOM

40th
어린이성경 시리즈
1980-2020
두란노

목차

하나님은 부모들에게 율법, 곧 하나님의 말씀을 자녀에게 "부지런히" 가르치라고
명령하셨습니다(신 6:6-9). 물론 교회에서 설교를 듣고 성경을 배우지만, 그 이전에
가정에서 부모와 자녀가 함께 성경을 읽고 공부하는 것이 무엇보다 중요합니다.
왜냐하면 자녀들은 부모가 삶으로 보여 주는 신앙의 가르침 속에서 하나님을 알아가기
때문입니다. 자녀와 함께 시편 필사에 도전하시기 바랍니다. 자녀가 부모와 함께 성경을
써 내려가는 시간은 신앙의 추억이 될 것입니다. 무엇보다도 마음에 새겨진 성경 말씀은
자녀의 인생길에 등이 되고 빛이 될 것입니다.

이재훈 • 온누리교회 담임목사

부모라면 누구나 어린 자녀가 마음의 정원을 아름답게 가꾸며 자라기를 바랄 것입니다.
생명수가 흐르는 시편 말씀은 자녀를 위한 최고의 정원사요 멘토입니다. 시편 말씀을
따라 쓰고 암송하는 가운데 자녀는 한 그루 튼실한 생명나무로 자랄 테니 말입니다.
그런 의미에서 《어린이 시편 한 달 쓰기》는 축복의 선물입니다. 이 책을 통해 새벽이슬
같은 어린 자녀가 말씀이신 하나님과 동행하는 소중한 추억을 쌓고, 하나님의 영광을
위해 쓰임 받는 믿음의 주인공으로 자라가길 바랍니다.

육동건 • 온누리교회 일대일사역팀 어린이 일대일 담당 장로

《어린이 시편 한 달 쓰기》를 엮으며

종교개혁자 마르틴 루터는 라틴어 성경을 모국어인 독일어로 번역할 때 시편을 가장 먼저 번역했다고 합니다. 시편을 얼마나 사랑했던지 "성경의 축소판인 시편을 한 편도 빠뜨리지 말고 다 읽어야 한다"고 가르칠 정도였어요.

시편은 성경 66권 중에서 가장 긴 책으로 신약성경에서 가장 많이 인용되는 책이기도 해요. 총 150편 중에서 다윗이 쓴 시가 무려 73편이나 돼요. 그 외에도 아삽(12편), 고라 자손(10편), 솔로몬(2편), 모세(1편), 헤만(1편), 에단(1편) 등이 저자로 알려졌어요. 유대인들은 시편을 무척 좋아해서 독실한 유대인들은 통째로 외우기도 한답니다.

시편의 주제는 매우 다양하지만, 중심 주제는 '오직 하나님을 향한 찬양과 감사와 경배'예요. 그래서 아주 오랫동안 교회에서 부르는 찬송가 대부분이 시편이었어요. 특히 고난과 어려움 가운데 있을 때, 하나님의 도우심을 간절히 구하며 부르는 시가 많아요.

《어린이 시편 한 달 쓰기》는 하루 한 편씩 31편을 뽑아서 엮었어요. 매일 한 편을 읽고, 3~5개 구절을 따라 쓰면서 주요 구절을 외울 수 있도록 구성했어요. 따라 쓰기와 암송을 함께 하면 하나님의 말씀을 마음속에 깊이 새길 수 있을 거예요.

시편을 읽고 쓰고 외우는 과정을 통해 글에 담긴 뜻을 이해하고, 깊이 생각하는 능력이 높아질 거예요. 집중력과 창의력은 말할 것도 없답니다. 하나님의 말씀에는 능력이 있으니까요. 무엇보다도 우리 삶이 기적으로 가득 차 있다는 것을 알게 될 거예요.

하루 동안 자라는 키는 눈에 잘 보이지 않아요. 하지만 한 달 정도 지나면 어느새 이만큼 컸구나 하고 느낄 수 있죠. 우리 마음과 생각도 마찬가지예요. 예수님도 즐겨 외우셨던 시편을 매일 읽어 보세요. 어느새 마음이 넓어지고, 생각이 깊어져 있을 거예요. 하나님의 자녀로서 건강하고 아름답게 자라길 바라며 응원해요!

이렇게 사용하세요

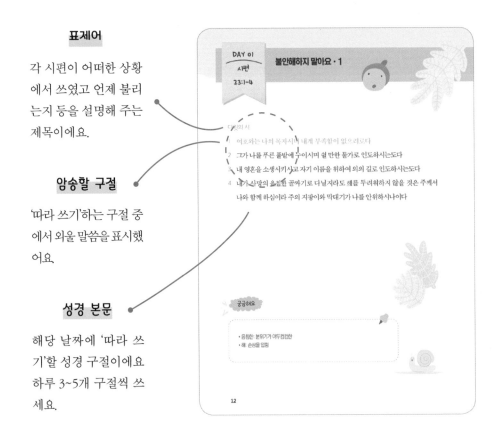

표제어

각 시편이 어떠한 상황에서 쓰였고 언제 불리는지 등을 설명해 주는 제목이에요.

암송할 구절

'따라 쓰기'하는 구절 중에서 외울 말씀을 표시했어요.

성경 본문

해당 날짜에 '따라 쓰기'할 성경 구절이에요 하루 3~5개 구절씩 쓰세요.

DAY 01
시편
23:1-4

불안해하지 말아요 · 1

다윗의 시

1 여호와는 나의 목자시니 내게 부족함이 없으리로다

2 그가 나를 푸른 풀밭에 누이시며 쉴 만한 물가로 인도하시는도다

3 내 영혼을 소생시키시고 자기 이름을 위하여 의의 길로 인도하시는도다

4 내가 사망의 음침한 골짜기로 다닐지라도 해를 두려워하지 않을 것은 주께서
나와 함께 하심이라 주의 지팡이와 막대기가 나를 안위하시나이다

궁금해요

• 음침한: 분위기가 어두컴컴한
• 해: 손상을 입힘

12

말씀 따라 쓰기

성경 본문을 먼저 읽고
나서 한 글자씩 따라
쓰세요.

말씀 따라 쓰기

13

말씀 배경 알아보기

오늘 따라 쓴 시편에
관한 간단한 설명을
살펴보세요.

외워 보기

'따라 쓰기'한 구절 중
에서 핵심 구절을 외워
보세요. 영어로 쓰인
구절을 함께 읽으면 더
좋겠죠!

따라 쓰면서 외우기

암송 구절을 예쁜 글씨
체로 따라 쓰면서 외울
수 있어요.

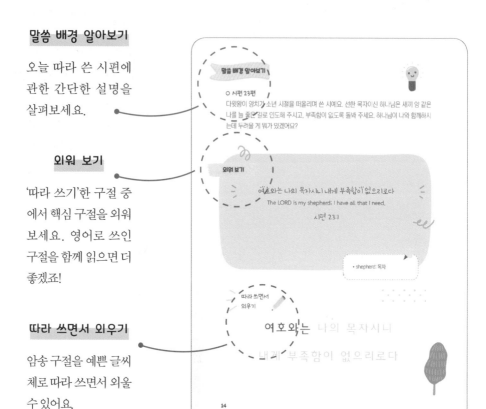

말씀 배경 알아보기

○ 시편 23편
다윗왕이 양치기 소년 시절을 떠올리며 쓴 시예요. 선한 목자이신 하나님은 새끼 양 같은
나를 늘 좋은 길로 인도해 주시고, 부족함이 없도록 돌봐 주세요. 하나님이 나와 함께하시
는데 두려울 게 뭐가 있겠어요?

외워 보기

여호와는 나의 목자시니 내게 부족함이 없으리로다
The LORD is my shepherd; I have all that I need.
시편 23:1

• shepherd: 목자

따라 쓰면서
외우기

여호와는 나의 목자시니
내게 부족함이 없으리로다

14

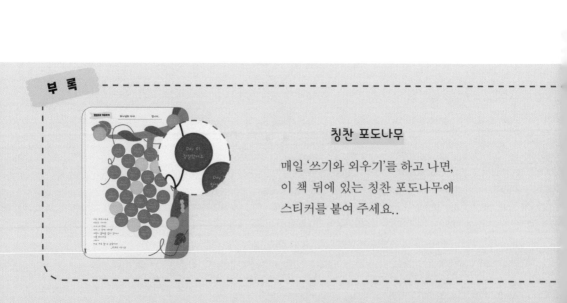

부 록

칭찬 포도나무

매일 '쓰기와 외우기'를 하고 나면,
이 책 뒤에 있는 칭찬 포도나무에
스티커를 붙여 주세요..

할 수 있다! 외워서 써 보기

점점 어려워진다고요? 인생은 도전이에요! 이번엔 보지 않고, 외워서 써 보세요. 생각보다 잘 외우고 있을걸요!

말씀으로 기도하기

말씀을 따라 쓰고, 외우고 난 뒤에는 기도로 마무리해요. 어렵지 않아요. 한 줄 기도를 따라 하다 보면, 기도하는 법을 배우게 된답니다.

말씀 익히기

다양한 활동을 재미있게 하면서 말씀을 다시 한 번 기억해 보세요. 자유롭게 그림을 그리거나 도안을 예쁘게 색칠하다 보면 창의력도 절로 솟아날 거예요.

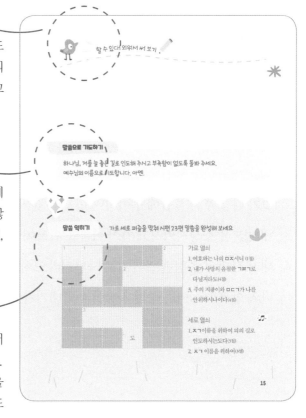

암송 구절 31개

매일 암송하는 31개 구절을 예쁜 스티커로 만들었어요. 여기 저기 붙여 두고 마음에 새겨 보세요.

DAY 01

시편

23:1-4

불안해하지 말아요 · 1

다윗의 시

1 여호와는 나의 목자시니 내게 부족함이 없으리로다

2 그가 나를 푸른 풀밭에 누이시며 쉴 만한 물가로 인도하시는도다

3 내 영혼을 소생시키시고 자기 이름을 위하여 의의 길로 인도하시는도다

4 내가 사망의 음침한 골짜기로 다닐지라도 해를 두려워하지 않을 것은 주께서
   나와 함께 하심이라 주의 지팡이와 막대기가 나를 안위하시나이다

궁금해요

- 음침한: 분위기가 어두컴컴한
- 해: 손상을 입힘

어린이 시편 한 달 쓰기

년　　월　　일

○ 시편 23편

다윗왕이 양치기 소년 시절을 떠올리며 쓴 시예요. 선한 목자이신 하나님은 새끼 양 같은 나를 늘 좋은 길로 인도해 주시고, 부족함이 없도록 돌봐 주세요. 하나님이 나와 함께하시는데 두려울 게 뭐가 있겠어요?

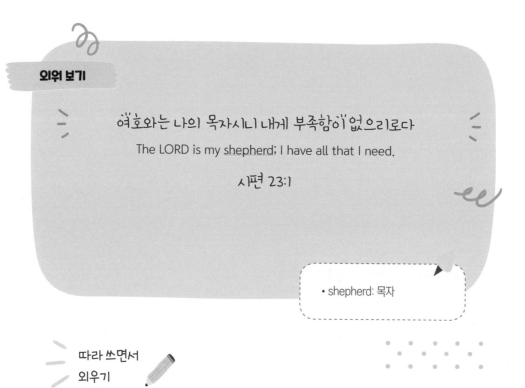

외워 보기

여호와는 나의 목자시니 내게 부족함이 없으리로다
The LORD is my shepherd; I have all that I need.

시편 23:1

• shepherd: 목자

따라 쓰면서
외우기

여호와는 나의 목자시니

내게 부족함이 없으리로다

할 수 있다! 외워서 써 보기

말씀으로 기도하기

하나님은 나의 목자이시니 무서울 게 하나도 없어요. 감사합니다.
예수님의 이름으로 기도합니다. 아멘.

말씀 익히기

가로 세로 퍼즐을 맞춰 시편 23편 1~4절 말씀을 완성해 보세요

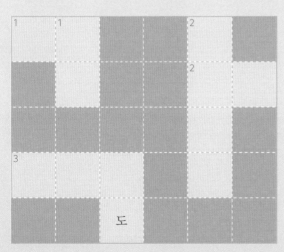

가로 열쇠

1. 여호와는 나의 **ㅁㅈ**시니 (1절)

2. 자기 **ㅇㄹ**을 위하여 (3절)

3. 주의 지팡이와 **ㅁㄷㄱ**가 나를
   안위하시나이다 (4절)

세로 열쇠

1. **ㅈㄱ** 이름을 위하여 의의 길로
   인도하시는도다 (3절)

2. 푸른 풀밭에 **ㄴㅇㅅㅁ** (2절)

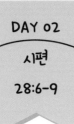

DAY 02

시편

28:6-9

불안해하지 말아요·2

다윗의 시

6 여호와를 찬송함이여 내 <u>간구하는</u> 소리를 들으심이로다

7 여호와는 나의 힘과 나의 방패이시니 내 마음이 그를 의지하여 도움을 얻었도
다 그러므로 내 마음이 크게 기뻐하며 내 노래로 그를 찬송하리로다

8 여호와는 그들의 힘이시요 그의 기름 부음 받은 자의 구원의 요새이시로다

9 주의 백성을 구원하시며 <u>주의 산업</u>에 복을 주시고 또 그들의 목자가 되시어 영
원토록 그들을 인도하소서

궁금해요

- 간구하는: 간절히 바라는
- 주의 산업: 하나님으로부터 받아 대대로 물려 내려온 것

어린이 시편 한 달 쓰기

말씀 따라 쓰기

년   월   일

○ 시편 28편

거인 골리앗에 맞설 만큼 용맹하던 다윗왕도 두려움에 몸을 떨 때가 있었어요. 하지만 그는 하나님이 그에게 힘을 주시고, 그를 끝까지 지켜 주실 것을 믿었어요. 그가 할 일은 하나님께 "도와주세요!" 하고 부르짖어 기도하는 것뿐이었답니다. 하나님은 우리 기도에 늘 귀를 기울이시는 분이에요.

외워 보기

여호와는 그들의 힘이시요 그의 기름 부음 받은 자의
구원의 요새이시로다

The LORD gives his people strength. He is a safe fortress

for his anointed king.

시편 28:8

• safe fortress: 구원의 요새
• anointed: 기름 부음 받은

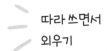

따라 쓰면서
외우기

여호와는 그들의 힘이시요 그의 기름

부음 받은 자의 구원의 요새이시로다

할 수 있다! 외워서 써 보기

말씀으로 기도하기

늘 나를 돌보고 지켜 주시는 하나님, 내 기도를 들어주셔서 감사합니다.
예수님의 이름으로 기도합니다. 아멘.

말씀 익히기   다음 낱말을 보고 내가 표현하고 싶은 대로 그려 보세요.

방패	목자

불안해하지 말아요 · 3

다윗의 시, 곧 성전에 올라가는 노래

6 예루살렘을 위하여 평안을 구하라 예루살렘을 사랑하는 자는 형통하리로다

7 네 성 안에는 평안이 있고 네 궁중에는 형통함이 있을지어다

8 내가 내 형제와 친구를 위하여 이제 말하리니 네 가운데에 평안이 있을지어다

9 여호와 우리 하나님의 집을 위하여 내가 너를 위하여 복을 구하리로다

궁금해요

- 궁중: 대궐 안
- 형통함: 모든 일이 뜻과 같이 잘되어 감

어린이 시편 한 달 쓰기

년   월   일

○ 시편 122편

예루살렘은 '여호와의 집'이 있는 곳, 즉 하나님이 계시는 곳을 상징해요. 다윗은 예루살렘을 떠올리는 것만으로도 매우 기뻐했답니다. 하나님의 집에 평화가 깃들기를 바라며 기도해 보세요. 마음이 평안해질 거예요. 걱정하지 말아요. 하나님을 사랑하는 사람에게는 결국 모든 일이 합력하여 선을 이루게 될 테니까요.

외워 보기

예루살렘을 위하여 평안을 구하라

예루살렘을 사랑하는 자는 형통하리로다

Pray for peace in Jerusalem. May all who love this city prosper.

시편 122:6

• peace: 평안
• prosper: 형통

따라 쓰면서
외우기

예루살렘을 위하여 평안을 구하라

예루살렘을 사랑하는 자는 형통하리로다

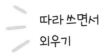

할 수 있다! 외워서 써 보기

말씀으로 기도하기

교회의 주인이신 하나님, 교회를 사랑하는 마음을 내게 부어 주세요.
예수님의 이름으로 기도합니다. 아멘.

말씀 익히기

아래 [보기]에서 답을 찾아 빈칸을 채워 보세요.

예루살렘을 위하여 ○○을 구하라

예루살렘을 ○○하는 자는 ○○하리로다 (시 122:6)

보기   형통   궁중   평안   행복   기쁨   사랑

DAY 04

시편

27:1-3

싸워야 멋있나요? · 1

다윗의 시

1 여호와는 나의 빛이요 나의 구원이시니 내가 누구를 두려워하리요 여호와는
내 생명의 능력이시니 내가 누구를 무서워하리요

2 악인들이 내 살을 먹으려고 내게로 왔으나 나의 대적들, 나의 원수들인 그들은
실족하여 넘어졌도다

3 군대가 나를 대적하여 진 칠지라도 내 마음이 두렵지 아니하며 전쟁이 일어나
나를 치려 할지라도 나는 여전히 태연하리로다

궁금해요

- 실족하여: 발을 헛디뎌
- 태연하리로다: 두려워할 상황에서 아무렇지도 않은 듯이 예사롭도다

어린이 시편 한 달 쓰기

년   월   일

○ 시편 27편

다윗은 왕이 되기 전에는 사울왕에게 쫓겨 다녔고, 왕이 되고 나서는 수많은 대적과 맞서 싸우며 전쟁을 치러야 했어요. 평생 누군가에게 미움받고 괴롭힘을 당했으니 얼마나 힘들었을까요. 그런데도 다윗은 꿋꿋하게 이겨 나갔어요. 비결이 뭘까요? 대적들의 얼굴이 아닌 여호와 하나님의 얼굴만을 바라봤기 때문이랍니다.

외워 보기

여호와는 나의 빛이요 나의 구원이시니 내가 누구를 두려워하리요 여호와는 내 생명의 능력이시니 내가 누구를 무서워하리요

The LORD is my light and my salvation – so why should I be afraid?

The LORD is my fortress, protecting me from danger,

so why should I tremble?

시편 27:1

- salvation: 구원
- afraid: 두려워하다
- tremble: 무서워하다

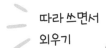
따라 쓰면서
외우기

여호와는 나의 빛이요 나의 구원이시니 내가
누구를 두려워하리요 여호와는 내 생명의
능력이시니 내가 누구를 무서워하리요

할 수 있다! 외워서 써 보기 ✏️

말씀으로 기도하기

힘든 일이 있어도 다윗처럼 꿋꿋하게 이겨 나갈 수 있도록 도와주세요.
예수님의 이름으로 기도합니다. 아멘.

말씀 익히기   시편 27편 1~3절을 읽고 질문에 답해 보세요

1. 본문에서 한 번도 나오지 않은 낱말은 무엇인가요? (   )

   ① 군대   ② 구원   ③ 목자   ④ 빛

2. '여호와'라는 낱말은 모두 몇 번 나오나요? (   )

   ① 한 번   ② 두 번   ③ 세 번   ④ 네 번

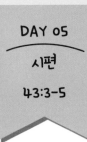

DAY 05
시편
43:3-5

싸워야 멋있나요? · 2

3 주의 빛과 주의 진리를 보내시어 나를 인도하시고 주의 거룩한 산과 주께서 계시는 곳에 <u>이르게</u> 하소서

4 그런즉 내가 하나님의 <u>제단</u>에 나아가 나의 큰 기쁨의 하나님께 이르리이다 하나님이여 나의 하나님이여 내가 수금으로 주를 찬양하리이다

5 내 영혼아 네가 어찌하여 낙심하며 어찌하여 내 속에서 불안해하는가 너는 하나님께 소망을 두라 그가 나타나 도우심으로 <u>말미암아</u> 내 하나님을 여전히 찬송하리로다

궁금해요

• 이르게: 어떤 장소나 시간에 닿게
• 제단: 제사를 지내는 단
• 말미암아: 어떤 현상의 원인이나 이유가 되는

어린이 시편 한 달 쓰기

년   월   일

말씀 배경 알아보기

○ 시편 43편

하지도 않은 일 때문에 또는 아무 이유도 없이 억울하게 괴롭힘당할 때가 있어요. 맞서 싸울 힘이 없는데 아무도 나를 도와주지 않을 때, 자기 자신에게 말해 주세요. "괜찮아. 하나님이 보셨고, 하나님이 아시잖아. 하나님이 나를 도와주실 거야." 이것이 바로 소망이에요.

외워 보기

주의 빛과 주의 진리를 보내시어 나를 인도하시고
주의 거룩한 산과 주께서 계시는 곳에 이르게 하소서

Send out your light and your truth; let them guide me.

Let them lead me to your holy mountain, to the place where you live.

시편 43:3

- light: 빛
- truth: 진리
- guide: 인도하다

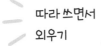
따라 쓰면서
외우기

주의 빛과 주의 진리를 보내시어
나를 인도하시고 주의 거룩한 산과
주께서 계시는 곳에 이르게 하소서

어린이 시편 한 달 쓰기

할 수 있다! 외워서 써 보기

아무도 나를 도와주지 않을 때, 하나님만은 꼭 도와주실 것을 믿어요.
예수님의 이름으로 기도합니다. 아멘.

 말씀 익히기 아래 빈칸에 들어갈 낱말을 찾아 색칠해 보세요.

주의 빛과 주의 진리를 보내시어 나를 ○○하시고

주의 거룩한 산과 주께서 계시는 곳에 이르게 하소서 시 43:3

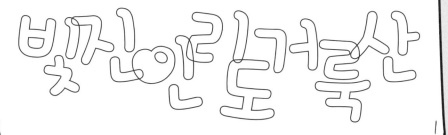

싸워야 멋있나요? · 3

다윗의 마스길, 지휘자를 위한 현악곡

1 하나님이여 주의 이름으로 나를 구원하시고 주의 힘으로 나를 <u>변호하소서</u>

2 하나님이여 내 기도를 들으시며 내 입의 말에 귀를 기울이소서

3 낯선 자들이 일어나 나를 치고 포악한 자들이 나의 생명을 <u>수색하며</u> 하나님을 자기 앞에 두지 아니하였음이니이다 (셀라)

4 하나님은 나를 돕는 이시며 주께서는 내 생명을 붙들어 주시는 이시니이다

궁금해요

• 변호하소서: (남의 이익을 위하여) 변명하고 감싸서 도와주소서
• 수색하며: 구석구석 뒤지어 찾으며

말씀 따라 쓰기

년   월   일

말씀 배경 알아보기

○ 시편 54편

사울왕의 추격을 피해 도망 다니던 다윗이 같은 유다 지파에 속한 십 사람들 지역에 숨은 적이 있어요. 하지만 십 사람들은 다윗을 두 번이나 배신하고 사울왕에게 밀고했답니다(삼상 23:19; 26:1). 그런데도 다윗은 그들에게 보복하지 않았어요. 대신 하나님 앞에 억울함을 호소하고, 하나님이 대신 갚아 주시기를 기도했어요.

외워 보기

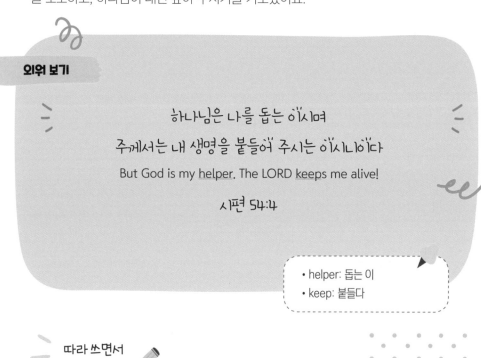

하나님은 나를 돕는 이시며
주께서는 내 생명을 붙들어 주시는 이시니이다
But God is my helper. The LORD keeps me alive!

시편 54:4

• helper: 돕는 이
• keep: 붙들다

따라 쓰면서
외우기

하나님은 나를 돕는 이시며 주께서는

내 생명을 붙들어 주시는 이시니이다

할 수 있다! 외워서 써 보기

 말씀으로 기도하기

억울한 일을 당할 때, 하나님이 대신 해결해 주실 줄 믿습니다.
예수님의 이름으로 기도합니다. 아멘.

말씀 익히기 시편 54편 4절은 "하나님"이 어떤 분이시며,
무엇을 붙들어 주시는 분이라고 말하고 있나요?
알맞은 낱말을 모두 찾아 ○표 하세요.

돕는 이   기도   생명

변호   혼내는 이   평안   말씀

DAY 07

시편

100:1-4

땀은 정직해요 · 1

감사의 시

1 온 땅이여 여호와께 즐거운 찬송을 부를지어다

2 기쁨으로 여호와를 섬기며 노래하면서 그의 앞에 나아갈지어다

3 여호와가 우리 하나님이신 줄 너희는 알지어다 그는 우리를 지으신 이요 우리
   는 그의 것이니 그의 백성이요 그의 기르시는 양이로다

4 감사함으로 그의 문에 들어가며 찬송함으로 그의 궁정에 들어가서 그에게 감
   사하며 그의 이름을 송축할지어다

궁금해요

- 궁정: 임금이 사는 집
- 송축할지어다: (하나님의 이름을) 기리고 축하할지어다

어린이 시편 한 달 쓰기

말씀 따라 쓰기

년   월   일

○ 시편 100편

오랫동안 꿈꿔 왔던 성전에 드디어 들어가는 날, 이런 노래를 부르게 되지 않을까요? 이스라엘 백성들처럼 문을 들어설 때, 감사와 찬송이 절로 나올 거예요. 하나님은 우리가 꿈의 문턱을 넘어서도록 우리를 돌보시고, 인도해 주신답니다. 오늘도 힘 있게 한 걸음을 내디뎌 꿈에 더 가까이 다가가세요.

외워 보기

감사함으로 그의 문에 들어가며 찬송함으로 그의 궁정에 들어가서 그에게 감사하며 그의 이름을 송축할지어다

Enter his gates with thanksgiving; go into his courts with praise.

Give thanks to him and praise his name.

시편 100:4

• thanksgiving: 감사
• court: 궁정

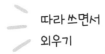

따라 쓰면서
외우기

감사함으로 그의 문에 들어가며 찬송함으로

그의 궁정에 들어가서 그에게 감사하며

그의 이름을 송축할지어다

말씀으로 기도하기

하나님께 감사하는 것이 모든 일의 시작이란 걸 가르쳐 주셔서 감사합니다.
예수님의 이름으로 기도합니다. 아멘.

말씀 익히기

예쁘게 색칠해 보세요.

DAY 08
시편
126:3-6

땀은 정직해요 · 2

성전에 올라가는 노래

3 여호와께서 우리를 위하여 큰일을 <u>행하셨으니</u> 우리는 기쁘도다

4 여호와여 우리의 포로를 남방 시내들 같이 돌려보내소서

5 눈물을 흘리며 씨를 뿌리는 자는 기쁨으로 거두리로다

6 울며 씨를 뿌리러 나가는 자는 반드시 기쁨으로 그 <u>곡식</u> 단을 가지고 돌아오리

로다

궁금해요

- 행하셨으니: (어떤 일을) 실제로 해 나가셨으니
- 곡식: 쌀, 보리, 콩 등 사람의 식량을 통틀어 이르는 말

어린이 시편 한 달 쓰기

년   월   일

○ 시편 126편

이스라엘이 멸망하자 많은 백성이 바벨론에 포로로 끌려갔고 70년이 지나서야 돌아올 수 있었답니다. 이 시는 고향에 돌아와 성전에 오를 날을 꿈꾸며 부른 노래예요. 꼭 오르고 싶은 곳이 있나요? "눈물을 흘리며 씨를 뿌리는" 과정을 거쳐야 "기쁨으로 그 곡식 단을" 거두듯이, 하루하루 준비하고 노력하면, 언젠가 반드시 그곳에 올라 서 있게 될 거예요.

외워 보기

눈물을 흘리며 씨를 뿌리는 자는 기쁨으로 거두리로다

Those who plant in tears will harvest with shouts of joy.

시편 126:5

- plant: 씨를 뿌리다
- harvest: 거두다

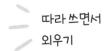

따라 쓰면서
외우기

눈물을 흘리며 씨를 뿌리는 자는

기쁨으로 거두리로다

할 수 있다! 외워서 써 보기

_____

_____

_____

말씀으로 기도하기

내가 얼마나 열심히 노력하는지 하나님이 아시니 감사합니다.
예수님의 이름으로 기도합니다. 아멘.

말씀 익히기 가로 세로 퍼즐을 맞춰 시편 126편 3~6절 말씀을 완성해 보세요

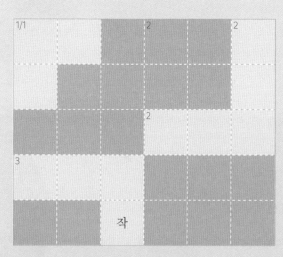

가로 열쇠

1. 큰일을 행하셨으니 ㅇㄹ는 기쁘도다 (3절)

2. ㄴㅁㅇ 흘리며 (5절)

3. ㅂㄷㅅ기쁨으로 (6절)

세로 열쇠

1. ㅇㄹ의 포로를 (4절)

2. ㅋㅇㅇ행하셨으니 (3절)

땀은 정직해요 · 3

성전에 올라가는 노래

1 여호와를 경외하며 그의 길을 걷는 자마다 복이 있도다

2 네가 네 손이 수고한 대로 먹을 것이라 네가 복되고 형통하리로다

3 네 집 안방에 있는 네 아내는 결실한 포도나무 같으며 네 식탁에 둘러앉은 자식

   들은 어린 감람나무 같으리로다

4 여호와를 경외하는 자는 이같이 복을 얻으리로다

궁금해요

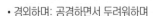

- 경외하며: 공경하면서 두려워하며
- 결실한: (식물이) 열매를 맺은 또는 맺은 열매가 여문

년   월   일

말씀 배경 알아보기

○ 시편 128편

이 시는 120편부터 134편까지 <성전에 올라가는 노래>라는 표제어가 붙은 '성전 순례
시' 중 하나로, 하나님을 경외하며 예루살렘 성전에 오르는 순례자들을 향해 "복이 있도다"
하고 선언하며 시작해요. 어떤 복일까요? 내 손이 "수고한 대로" 결실을 맺는 복이에요. 오
늘 열심히 노력하고 수고해야 내일 꿈을 이룰 수 있어요.

외워 보기

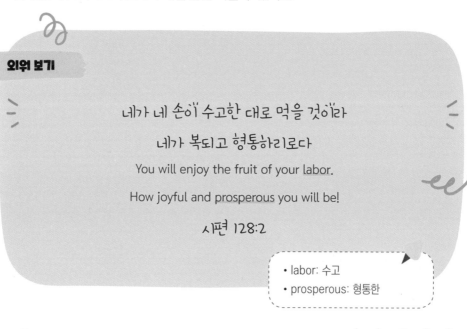

네가 네 손이 수고한 대로 먹을 것이라

네가 복되고 형통하리로다

You will enjoy the fruit of your labor.

How joyful and prosperous you will be!

시편 128:2

- labor: 수고
- prosperous: 형통한

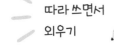

**따라 쓰면서
외우기**

네가 네 손이 수고한 대로 먹을 것이라

네가 복되고 형통하리로다

할 수 있다! 외워서 써 보기

_____

_____

말씀으로 기도하기

노력한 대로 열매를 거두는 것이 얼마나 큰 축복인지 알게 해 주셔서 감사합니다.
예수님의 이름으로 기도합니다. 아멘.

말씀 익히기   다음 낱말을 보고 내가 표현하고 싶은 대로 그려 보세요.

손	포도나무

지혜가 필요해요? · 1

1 복 있는 사람은 악인들의 꾀를 따르지 아니하며 죄인들의 길에 서지 아니하며
오만한 자들의 자리에 앉지 아니하고

2 오직 여호와의 율법을 즐거워하여 그의 율법을 주야로 묵상하는도다

3 그는 시냇가에 심은 나무가 철을 따라 열매를 맺으며 그 잎사귀가 마르지 아니
함 같으니 그가 하는 모든 일이 다 형통하리로다

궁금해요

• 오만한: 태도나 행동이 건방지거나 거만한
• 율법: 하나님이 정하신 규범
• 주야: 밤낮

년   월   일

○ **시편 1편**

이 시는 시편 전체를 대표한다고 할 수 있어요. '복 있는 사람이란 하나님의 말씀을 즐거워하고, 늘 묵상하는 사람'이라는 신앙의 핵심을 가르쳐 주기 때문이에요. 말씀의 시냇가에 뿌리를 내린 나무는 잎이 마를 일이 없어요. 지혜가 필요해요? 날마다 하나님의 말씀을 읽고, 곰곰이 생각하며, 마음에 담아 보세요. 어느덧 지혜의 푸른 잎이 무성해질 거예요.

외워 보기

오직 여호와의 율법을 즐거워하여

그의 율법을 주야로 묵상하는도다

But they delight in the law of the LORD,

meditating on it day and night.

시편 1:2

- law: 율법
- meditating: 묵상하는

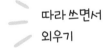 따라 쓰면서
외우기

오직 여호와의 율법을 즐거워하여

그의 율법을 주야로 묵상하는도다

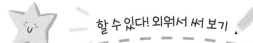 할 수 있다! 외워서 써 보기 ✏️

_____

_____

말씀으로 기도하기

하나님의 말씀을 즐거워하여 늘 묵상할 수 있도록 도와주세요.
예수님의 이름으로 기도합니다. 아멘.

말씀 익히기

빈칸에 들어갈 낱말을 보기에서 찾아보세요.

🎵

오직 여호와의 ○○을 즐거워하여
그의 율법을 ○○로 ○○하는도다 (시 1:2)

> 보기   주야   계명   종일   법도   율법   찬송   묵상

지혜가 필요해요? · 2

1 여호와께서 다스리시니 스스로 권위를 입으셨도다 여호와께서 능력의 옷을 입으시며 띠를 띠셨으므로 세계도 견고히 서서 흔들리지 아니하는도다

2 주의 보좌는 예로부터 견고히 섰으며 주는 영원부터 계셨나이다

3 여호와여 큰물이 소리를 높였고 큰물이 그 소리를 높였으니 큰물이 그 물결을 높이나이다

4 높이 계신 여호와의 능력은 많은 물 소리와 바다의 큰 파도보다 크니이다

궁금해요

- 권위: 남을 지휘하거나 통솔하여 따르게 하는 힘
- 보좌: 임금이 앉는 자리

년   월   일

○ 시편 93편

시편 기자는 온 세상을 다스리시는 능력의 하나님을 찬양하고 있어요. 하나님이 다스리시니 세계가 흔들림 없이 굳건하게 서 있잖아요. 바다가 미친 듯이 날뛰어도 높이 계신 하나님은 그보다 훨씬 더 힘이 세시답니다. 능력이 필요해요? 온 세상의 주인이신 하나님께 구해 보세요. 말씀을 통해 능력을 부어 주실 거예요.

외워 보기

높이 계신 여호와의 능력은 많은 물 소리와
바다의 큰 파도보다 크니이다
But mightier than the violent raging of the seas, mightier than the breakers
on the shore – the LORD above is mightier than these!

시편 93:4

- mightier than: ~보다 큰
- breaker: 큰 파도
- shore: 바다

따라 쓰면서
외우기 ✏️

높이 계신 여호와의 능력은 많은 물

소리와 바다의 큰 파도보다 크니이다

할 수 있다! 외워서 써 보기 🖊

_____

_____

말씀으로 기도하기

어떻게 해야 할지 몰라서 헤맬 때, 하나님께 지혜를 구하는 내가 되게 해 주세요.
예수님의 이름으로 기도합니다. 아멘.

말씀 익히기   시편 93편 1~4절을 읽고 질문에 답해 보세요

🎵🎵

1. 본문에 한 번도 나오지 않은 낱말은 무엇인가요? (   )

   ① 능력   ② 권력   ③ 보좌   ④ 세계

2. '큰물'이라는 낱말은 모두 몇 번 나오나요? (   )

   ① 한 번   ② 두 번   ③ 세 번   ④ 네 번

40 여호와께서 <u>고관</u>들에게는 <u>능욕</u>을 쏟아 부으시고 길 없는 황야에서 유리하게 하시나

41 궁핍한 자는 그의 고통으로부터 건져 주시고 그의 가족을 양 떼 같이 지켜 주시나니

42 정직한 자는 보고 기뻐하며 모든 사악한 자는 자기 입을 <u>봉하리로다</u>

43 지혜 있는 자들은 이러한 일들을 지켜보고 여호와의 인자하심을 깨달으리로다

궁금해요

- 고관: 지위가 높은 벼슬이나 관리
- 능욕: 남을 업신여겨 욕보임
- 봉하리로다: 열지 못하게 꼭 붙이거나 싸서 막으리로다

년   월   일

말씀 배경 알아보기

○ 시편 107편

이 시는 어려움을 통해 경험하는 하나님의 은혜에 감사하며 찬양하는 내용입니다. "강이 변하여 광야"가 되고, "샘이 변하여 마른 땅이" 된 것은 이스라엘의 불순종이 쌓이고 쌓여서 겪게 된 어려움이에요. 그러나 지혜로운 사람은 하나님의 인자하심을 잊지 않아요. 하나님이 광야를 강으로 만드시고, 마른 땅에서 샘이 솟게 하실 것을 알기 때문이죠.

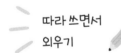**외워 보기**

지혜 있는 자들은 이러한 일들을 지켜보고

여호와의 인자하심을 깨달으리로다

Those who are wise will take all this to heart;

they will see in our history the faithful love of the LORD.

시편 107:43

• wise: 지혜 있는
• faithful love: 인자하심

**따라 쓰면서
외우기** 🖋

지혜 있는 자들은 이러한 일들을 지켜보고

여호와의 인자하심을 깨달으리로다

어린이 시편 한 달 쓰기

할 수 있다! 외워서 써 보기 ✏️

_____

_____

_____

말씀으로 기도하기

하나님의 인자하심을 잊지 않는 지혜로운 사람이 되게 해 주세요.
예수님의 이름으로 기도합니다. 아멘.

말씀 익히기   아래 빈칸에 들어갈 낱말을 찾아 색칠해 보세요.

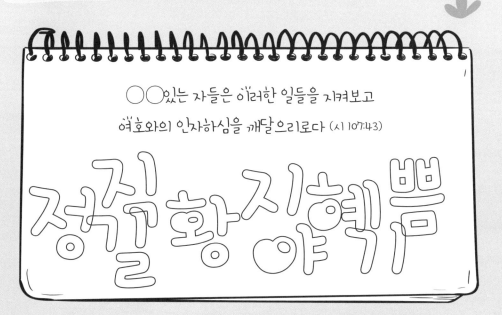

○○있는 자들은 이러한 일들을 지켜보고
여호와의 인자하심을 깨달으리로다 (시 107:43)

정말로 이기고 싶어요? · 1

다윗의 시

5 우리가 너의 승리로 말미암아 개가를 부르며 우리 하나님의 이름으로 우리의 깃발을 세우리니 여호와께서 네 모든 기도를 이루어 주시기를 원하노라

6 여호와께서 자기에게 기름 부음 받은 자를 구원하시는 줄 이제 내가 아노니 그의 오른손의 구원하는 힘으로 그의 거룩한 하늘에서 그에게 응답하시리로다

7 어떤 사람은 병거, 어떤 사람은 말을 의지하나 우리는 여호와 우리 하나님의 이름을 자랑하리로다

궁금해요

• 개가: 싸움에서 이기고 돌아올 때에 부르는 노래
• 병거: 전쟁에 쓰였던 수레

년   월   일

○ 시편 20편

다윗왕은 전쟁터로 나가기 전에 하나님께 기도하며 승리를 기원했어요. 옛날에는 병거(수레)와 말이 얼마나 많으냐에 따라 승패가 갈렸다고 해요. 그런데 다윗왕은 병거와 말을 의지하지 않고, 여호와 하나님의 이름을 자랑하겠다고 노래합니다. 전쟁의 승패가 오직 하나님께 달려 있음을 알았기 때문이에요. 오늘 우리 싸움의 승패도 마찬가지랍니다.

외워 보기

어떤 사람은 병거, 어떤 사람은 말을 의지하나
우리는 여호와 우리 하나님의 이름을 자랑하리로다

Some nations boast of their chariots and horses,
but we boast in the name of the LORD our God.

시편 20:7

- boast: 자랑하다
- chariot: 병거

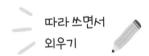

따라 쓰면서
외우기

어떤 사람은 병거, 어떤 사람은 말을 의지하나 우리는

여호와 우리 하나님의 이름을 자랑하리로다

어린이 시편 한 달 쓰기

할 수 있다! 외워서 써 보기

_____

_____

_____

말씀으로 기도하기

꼭 이루고 싶은 일이 생기면, 제일 먼저 하나님께 기도하게 해 주세요.
예수님의 이름으로 기도합니다. 아멘.

 말씀 익히기

시편 20편 구절에서 "어떤 사람"은 무엇, 무엇을 의지한다고 쓰여 있나요?
또 "우리"는 하나님의 무엇을 자랑하리라고 고백하고 있나요?
알맞은 낱말을 모두 찾아 ◯표 하세요.

말   군대   총   병거

손   능력   이름   돈

정말로 이기고 싶어요? · 2

다윗의 시

7 문들아 너희 머리를 들지어다 영원한 문들아 들릴지어다 영광의 왕이 들어가
시리로다

8 영광의 왕이 누구시냐 강하고 능한 여호와시요 전쟁에 능한 여호와시로다

9 문들아 너희 머리를 들지어다 영원한 문들아 들릴지어다 영광의 왕이 들어가
시리로다

10 영광의 왕이 누구시냐 만군의 여호와께서 곧 영광의 왕이시로다(셀라)

궁금해요

• 능한: (어떤 일에) 능숙하고 뛰어난

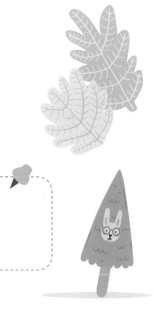

년   월   일

말씀 배경 알아보기

○ 시편 24편

이 시는 다윗왕이 블레셋에 빼앗겼다가 아비나답의 집에 맡겨진 하나님의 언약궤를 되찾아올 때 불렀다고 알려졌습니다. 십계명의 두 돌비가 보관된 언약궤는 하나님의 임재를 상징하므로, 하나님의 임재를 찬양하는 시라고 할 수 있어요. "영광의 왕"께서 들어오실 수 있도록 마음의 문을 활짝 열어 보세요. 여호와께서 함께하시면, 두려울 일이 없겠지요.

외워 보기

영광의 왕이 누구시냐 강하고 능한 여호와시요
전쟁에 능한 여호와시로다

Who is the King of glory? The LORD, strong and mighty;

the LORD, invincible in battle.

시편 24:8

- mighty: 능한(힘센)
- invincible: 능한(천하무적의)
- battle: 전쟁

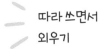

따라 쓰면서
외우기 ✏️

영광의 왕이 누구시냐 강하고 능한

여호와시요 전쟁에 능한 여호와시로다

어린이 시편 한 달 쓰기

할 수 있다! 외워서 써 보기 ✏️

_____

_____

말씀으로 기도하기

전능하신 하나님이 나와 함께하시면 무슨 일이든지 이겨 낼 수 있어요.
예수님의 이름으로 기도합니다. 아멘.

말씀 익히기   예쁘게 색칠해 보세요.

1 내가 여호와를 기다리고 기다렸더니 귀를 기울이사 나의 **부르짖음**을 들으셨
   도다

2 나를 기가 막힐 웅덩이와 **수렁**에서 끌어올리시고 내 발을 반석 위에 두사 내
   걸음을 견고하게 하셨도다

3 새 노래 곧 우리 하나님께 올릴 찬송을 내 입에 두셨으니 많은 사람이 보고 두
   려워하여 여호와를 의지하리로다

4 여호와를 의지하고 교만한 자와 거짓에 치우치는 자를 돌아보지 아니하는 자
   는 복이 있도다

궁금해요

- 부르짖음: 고통을 억누르지 못하여 소리 높여 크게 떠듦
- 수렁: 진흙과 물이 섞여 많이 고인 웅덩이, 헤어나기 힘든 곤욕을 비유적으로 이르
   는 말

년   월   일

○ 시편 40편

다윗은 "기가 막힐 웅덩이와 수렁"에 빠진 듯한 어려움을 많이 겪었어요. 그때마다 다윗은 하나님께 부르짖어 기도한 뒤에 기다렸어요. 막연한 기다림이 아니라 소망이 있는 기다림이었어요. 하나님의 때가 있다는 것을 알았기 때문이에요. 이것이 지혜예요. 그리고 하나님의 때를 기다릴 줄 아는 것이 믿음이랍니다.

외워 보기

나를 기가 막힐 웅덩이와 수렁에서 끌어올리시고
내 발을 반석 위에 두사 내 걸음을 견고하게 하셨도다

He lifted me out of the <u>pit of despair</u>, out of the mud and the <u>mire</u>. He set
my feet on <u>solid ground</u> and steadied me as I walked along.

시편 40:2

- pit of despair: 기가 막힐 웅덩이
- mire: 수렁
- solid ground: 반석

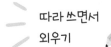

따라 쓰면서
외우기

나를 기가 막힐 웅덩이와 수렁에서
끌어올리시고 내 발을 반석 위에 두사 내
걸음을 견고하게 하셨도다

할 수 있다! 외워서 써 보기

말씀으로 기도하기

하나님의 때를 기다릴 줄 아는 지혜를 부어 주세요.
예수님의 이름으로 기도합니다. 아멘.

말씀 익히기

가로 세로 퍼즐을 맞춰 시편 40편 1~4절 말씀을 완성해 보세요

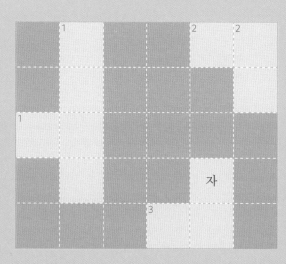

가로 열쇠

1. ㅂㅇ 있도다(4절)
2. ㄴㅇ 부르짖음을 들으셨도다(1절)
3. 내 발을 ㅂㅅ 위에 두사(2절)

세로 열쇠

1. 귀를 ㄱㅇㅇㅅ(1절)
2. 여호와를 ㅇㅈ하고(4절)

DAY 16

시편
32:1-4

죄의 무게는
얼마나 될까요? · 1

다윗의 마스길

1 <u>허물</u>의 <u>사함</u>을 받고 자신의 죄가 가려진 자는 복이 있도다

2 마음에 간사함이 없고 여호와께 정죄를 당하지 아니하는 자는 복이 있도다

3 내가 입을 열지 아니할 때에 <u>종일</u> 신음하므로 내 뼈가 쇠하였도다

4 주의 손이 주야로 나를 누르시오니 내 진액이 빠져서 여름 가뭄에 마름 같이 되었나이다(셀라)

궁금해요

- 허물: 잘못 저지른 실수
- 사함: 지은 죄나 허물을 용서함
- 종일: 아침부터 저녁까지 내내

어린이 시편 한 달 쓰기

년   월   일

○ 시편 32편

이 시는 참회시예요. '참회'란 '자기 잘못을 깨닫고 깊이 뉘우치는 것'을 말해요. 다윗왕은 밧세바를 아내로 삼기 위해 그 남편 우리야를 전쟁터에 내보내 죽게 했어요. 다윗은 자기 죄를 모른 체하고 싶었지만, "주의 손이 주야로" 그의 마음을 짓눌렀어요. 하나님 앞에 죄를 숨김없이 고백할 때, 비로소 용서를 받을 수 있답니다.

외워 보기

허물의 사함을 받고 자신의 죄가 가려진 자는 복이 있도다

Oh, what joy for those whose disobedience is forgiven,

whose sin is put out of sight!

시편 32:1

• disobedience: 허물
• forgiven: 사함을 받은

따라 쓰면서
외우기

허물의 사함을 받고 자신의 죄가

가려진 자는 복이 있도다

할 수 있다! 외워서 써 보기

_____

_____

말씀으로 기도하기

죄가 얼마나 무거운지 숨쉬기도 힘들었어요. 죄를 하나님 앞에 내려놓으니 용서해 주세요.
예수님의 이름으로 기도합니다. 아멘.

말씀 익히기   다음 낱말을 보고 내가 표현하고 싶은 대로 그려 보세요.

입	마음

DAY 17

시편
38:19-22

죄의 무게는
얼마나 될까요? · 2

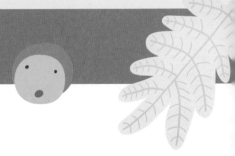

다윗의 기념하는 시

19 내 원수가 활발하며 강하고 부당하게 나를 미워하는 자가 많으며

20 또 악으로 선을 대신하는 자들이 내가 선을 따른다는 것 때문에 나를 대적하나
이다

21 여호와여 나를 버리지 마소서 나의 하나님이여 나를 멀리하지 마소서

22 속히 나를 도우소서 주 나의 구원이시여

궁금해요

- 활발하며: 생기 있고 힘차며
- 부당하게: 정당하지 않게

어린이 시편 한 달 쓰기

년   월   일

○ 시편 38편

'다윗의 기념하는 시'라는 표제어가 있는데, 다윗은 무엇을 기념하며 기억하고 싶었을까요? 그는 자신의 일생에서 가장 부끄러운 일, 밧세바 사건을 기념하고 있답니다. 왜냐면 다시는 잊지 않으려고요. 떠올리기만 해도 부끄럽고 가슴이 아프지만, 잊지 말아야 같은 잘못을 두 번 다시 저지르지 않을 테니까요. 이것이 바로 회개랍니다.

외워 보기

여호와여 나를 버리지 마소서 나의 하나님이여 나를 멀리하지 마소서

Do not abandon me, O LORD. Do not stand at a distance, my God.

시편 38:21

• abandon: 버리다

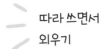
따라 쓰면서
외우기 ✏️

여호와여 나를 버리지 마소서 나의

하나님이여 나를 멀리하지 마소서

할 수 있다! 외워서 써 보기

_____

_____

말씀으로 기도하기

같은 죄를 두 번 다시 짓지 않도록 나를 가르쳐 주세요.
예수님의 이름으로 기도합니다. 아멘.

말씀 익히기   아래 [보기]에서 답을 찾아 빈칸을 채워 보세요.

여호와여 나를 ○○○마소서

나의 ○○○이여 나를 ○○하지 마소서(시 38:21)

보기   예수님   슬프게   버리지   기억   멀리   하나님   지우지

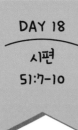

DAY 18

시편
51:7-10

죄의 무게는
얼마나 될까요? • 3

다윗의 시, 다윗이 밧세바와 간음하고 나서 나단 선지자가 그에게 왔을 때 지은 시

7 <u>우슬초</u>로 나를 정결하게 하소서 내가 <u>정하리이다</u> 나의 죄를 씻어 주소서 내가 눈보다 희리이다

8 내게 즐겁고 기쁜 소리를 들려 주시사 주께서 꺾으신 뼈들도 즐거워하게 하소서

9 주의 얼굴을 내 죄에서 돌이키시고 내 모든 죄악을 지워 주소서

10 하나님이여 내 속에 정한 마음을 창조하시고 내 안에 정직한 영을 새롭게 하소서

궁금해요

- 우슬초: 고대 이스라엘에서 영혼을 깨끗하게 하는 의미로 물이나 제물의 피를 적셔 뿌리는 데 쓴 식물
- 정하리이다: 맑고 깨끗할 것입니다

어린이 시편 한 달 쓰기

년   월   일

○ 시편 51편

다윗이 끔찍한 죄를 저지르자 하나님이 나단 선지자를 보내어 그를 엄히 꾸짖으셨어요.
그러자 다윗은 땅에 엎드려 금식하며 하나님께 용서를 구했어요. 다윗은 도덕적으로 완벽
한 사람은 아니었지만, 자기 죄를 깨달으면 즉시 인정하고 하나님 앞에 엎드릴 줄 아는 사
람이었어요. 바로 이 점 때문에 우리는 다윗을 '위대한 왕'이라 부른답니다.

외워 보기

> 우슬초로 나를 정결하게 하소서 내가 정하리이다
> 나의 죄를 씻어 주소서 내가 눈보다 희리이다
> Purify me from my sins, and I will be clean; wash me,
> and I will be whiter than snow.
>
> 시편 51:7

- purify: 정결하게 하다
- sin: 죄

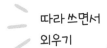

따라 쓰면서
외우기

우슬초로 나를 정결하게 하소서 내가
정하리이다 나의 죄를 씻어 주소서
내가 눈보다 희리이다

어린이 시편 한 달 쓰기

할 수 있다! 외워서 써 보기

_____

_____

_____

말씀으로 기도하기

죄 때문에 어두워진 내 마음을 눈보다 더 희게 씻어 주세요.
예수님의 이름으로 기도합니다. 아멘.

말씀 익히기   시편 51편 7~10절을 읽고 질문에 답해 보세요

1. 본문에서 한 번도 나오지 않은 낱말은 무엇인가요? (   )

   ① 생명   ② 마음   ③ 우슬초   ④ 정직

2. '내'라는 낱말은 모두 몇 번 나오나요? (   )

   ① 여섯 번   ② 일곱 번   ③ 여덟 번   ④ 아홉 번

DAY 19
시편
25:17-21

두렵고 떨리는 마음이 필요해요·1

다윗의 시

17 내 마음의 근심이 많사오니 나를 고난에서 끌어내소서

18 나의 곤고와 환난을 보시고 내 모든 죄를 사하소서

19 내 원수를 보소서 그들의 수가 많고 나를 심히 미워하나이다

20 내 영혼을 지켜 나를 구원하소서 내가 주께 피하오니 수치를 당하지 않게 하소서

21 내가 주를 바라오니 성실과 정직으로 나를 보호하소서

궁금해요

- 곤고: 형편이나 처지 따위가 딱하고 어려운 것
- 수치: 부끄러움

84

어린이 시편 한 달 쓰기

년   월   일

○ 시편 25편

원수들에게 둘러싸여 위험에 빠진 다윗이 다급하게 하나님을 찾습니다. 그는 하나님이 그의 발을 "그물에서 벗어나게" 해 주실 것을 믿었어요. 하나님의 인자하심과 긍휼하심을 바라보며 간절히 회개하고, 자신뿐 아니라 이스라엘을 "그 모든 환난에서" 구해 주실 것을 기도했어요. 하나님을 경외하는 사람을 끝까지 책임져 주신다는 것을 알았기 때문이죠.

외워 보기

내가 주를 바라오니 성실과 정직으로 나를 보호하소서

May integrity and honesty protect me, for I put my hope in you.

시편 25:21

• integrity: 성실
• honesty: 정직
• protect: 보호하다

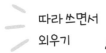

따라 쓰면서 외우기

내가 주를 바라오니

성실과 정직으로 나를 보호하소서

할 수 있다! 외워서 써 보기

_____

_____

말씀으로 기도하기

아무리 힘든 일이 있어도, 언제나 나와 함께하신다는 하나님의 약속을 믿을래요.
예수님의 이름으로 기도합니다. 아멘.

말씀 익히기   아래 빈칸에 들어갈 낱말을 찾아 색칠해 보세요.

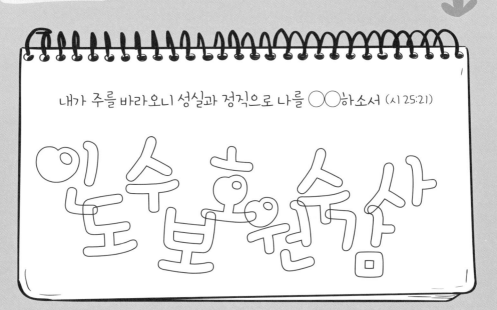

DAY 20
시편
121:4-8

두렵고 떨리는 마음이
필요해요 · 2

성전에 올라가는 노래

4 이스라엘을 지키시는 이는 졸지도 아니하시고 주무시지도 아니하시리로다

5 여호와는 너를 지키시는 이시라 여호와께서 네 오른쪽에서 네 그늘이 되시나니

6 낮의 해가 너를 상하게 하지 아니하며 밤의 달도 너를 해치지 아니하리로다

7 여호와께서 너를 지켜 모든 환난을 면하게 하시며 또 네 영혼을 지키시리로다

8 여호와께서 너의 출입을 지금부터 영원까지 지키시리로다

궁금해요

- 해치지: 다치게 하거나 죽이지
- 면하게: 어떤 일을 당하지 않게
- 출입: 어느 곳을 드나듦

어린이 시편 한 달 쓰기

년   월   일

○ 시편 121편

예루살렘을 향해 가는 순례자들이 부른 노래예요. 그들은 예루살렘 성전에 오르기 위해 산을 넘고, 물을 건너기를 마다하지 않았어요. 가는 길 내내 하나님의 은혜를 묵상했지요. 그래서 깨달은 것이 있어요. 자기 힘으로 해 보려고 애쓰느라 땅만 내려다볼 때가 많다는 것을요. 그들은 두렵고 떨리는 마음으로 "천지를 지으신 여호와"를 향해 눈을 들었어요.

외워 보기

여호와께서 너의 출입을 지금부터 영원까지 지키시리로다

The LORD keeps watch over you as you come and go,

both now and forever.

시편 121:8

• watch over: 지키다

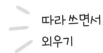

따라 쓰면서
외우기

여호와께서 너의 출입을 지금부터

영원까지 지키시리로다

할 수 있다! 외워서 써 보기

말씀으로 기도하기

한순간도 놓치지 않고 불꽃 같은 눈으로 나를 지켜 주시니 감사합니다.
예수님의 이름으로 기도합니다. 아멘.

말씀 익히기

시편 121편 8절에서 "여호와께서" 우리의 출입을
언제부터 언제까지 지키신다고 고백하고 있나요?
알맞은 말을 모두 찾아 ○표 하세요.

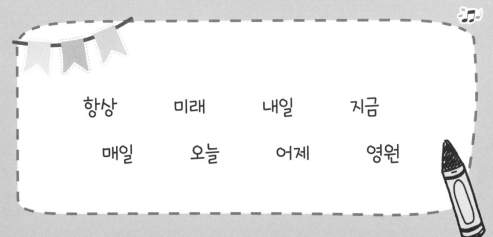

항상   미래   내일   지금

매일   오늘   어제   영원

두렵고 떨리는 마음이 필요해요 · 3

다윗의 시

7 내가 주의 영을 떠나 어디로 가며 주의 앞에서 어디로 피하리이까

8 내가 하늘에 올라갈지라도 거기 계시며 스올에 내 자리를 펼지라도 거기 계시니이다

9 내가 새벽 날개를 치며 바다 끝에 가서 거주할지라도

10 거기서도 주의 손이 나를 인도하시며 주의 오른손이 나를 붙드시리이다

궁금해요

• 스올: 죽은 사람들이 가는 곳

말씀 따라 쓰기

년   월   일

○ 시편 139편

다윗은 그를 보호하고 인도하시는 전지전능하신 무소부재의 하나님을 찬양합니다. 하나님은 내 모든 생각과 행동을 알고 계시며, 내가 어디에 있든지 그곳에 함께 계시는 분이에요. 바다 끝으로 날아가더라도 거기서도 주님의 손이 나를 인도하시고, 나를 꼭 붙들어 주실 거예요. 하나님은 온 우주보다도 더 크신 분이니까요.

외워 보기

내가 주의 영을 떠나 어디로 가며

주의 앞에서 어디로 피하리이까

I can never escape from your Spirit!

I can never get away from your presence!

시편 139:7

• escape from: (주의 영을) 떠나다
• presence: (누구의) 앞

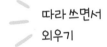

따라 쓰면서
외우기

내가 주의 영을 떠나 어디로 가며

주의 앞에서 어디로 피하리이까

할 수 있다! 외워서 써 보기

_____

_____

말씀으로 기도하기

우주보다 크신 하나님이 나를 사랑해 주시니 감사합니다.
예수님의 이름으로 기도합니다. 아멘.

말씀 익히기   예쁘게 색칠해 보세요.

도움이 필요할 때, 생각해요 · 1

고라 자손의 마스길

1 하나님이여 사슴이 시냇물을 찾기에 <u>갈급함</u> 같이 내 영혼이 주를 찾기에 갈급하니이다

2 내 영혼이 하나님 곧 살아 계시는 하나님을 갈망하나니 내가 어느 때에 나아가서 하나님의 얼굴을 뵈올까

3 사람들이 종일 내게 하는 말이 네 하나님이 어디 있느뇨 하오니 내 눈물이 주야로 내 음식이 되었도다

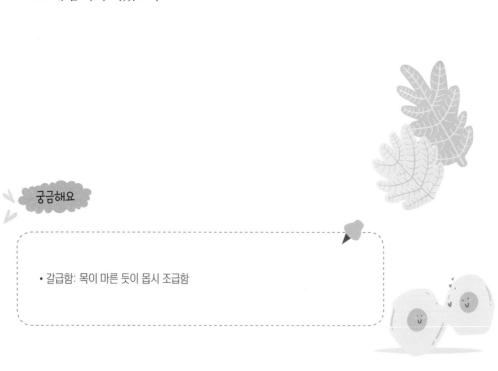

궁금해요

• 갈급함: 목이 마른 듯이 몹시 조급함

년   월   일

○ 시편 42편

'고라 자손의 마스길'이란 표제어가 달려 있어요. 고라 자손은 말 그대로 모세와 아론을 거슬러 반역을 꾀하다가 죽은 고라의 자손을 말해요(민 16장). 그러나 하나님은 고라의 자손에게 하나님을 찬양하는 영광스러운 직분을 맡기셨답니다. 그들은 인생의 갈급한 날이 찾아올 때, 하나님을 간절히 찾으라는 교훈(마스길)을 주기 위해 이 노래를 불렀어요.

외워 보기

하나님이여 사슴이 시냇물을 찾기에 갈급함 같이
내 영혼이 주를 찾기에 갈급하니이다

As the deer longs for streams of water,

so I long for you, O God.

시편 42:1

• deer: 사슴
• streams of water: 시냇물

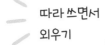
따라 쓰면서
외우기

하나님이여 사슴이 시냇물을 찾기에

갈급함 같이 내 영혼이 주를 찾기에

갈급하니이다

할 수 있다! 외워서 써 보기

말씀으로 기도하기

힘든 일이 있을 때마다 하나님을 생각하며 기도할 수 있도록 도와주세요.
예수님의 이름으로 기도합니다. 아멘.

 말씀 익히기   가로 세로 퍼즐을 맞춰 시편 42편 1~3절 말씀을 완성해 보세요

1				2/1	
자					
	3		2		

가로 열쇠

1. 하나님이여 **ㅅㅅ**이 (1절)

2. **ㄱㄱㅎ** 같이 (1절)

3. 살아 **ㄱㅅㄴ** 하나님을 (2절)

세로 열쇠

1. 하나님을 **ㄱㅁ** 하나니 (2절)

2. **ㅅㄴㅁ**을 찾기에 (1절)

도움이 필요할 때, 생각해요 · 2

고라 자손의 시

1 하나님은 우리의 피난처시요 힘이시니 환난 중에 만날 큰 도움이시라

2 그러므로 땅이 변하든지 산이 흔들려 바다 가운데에 빠지든지

3 바닷물이 솟아나고 뛰놀든지 그것이 넘침으로 산이 흔들릴지라도 우리는 두려워하지 아니하리로다(셀라)

4 한 시내가 있어 나뉘어 흘러 하나님의 성 곧 <u>지존하신</u> 이의 <u>성소</u>를 기쁘게 하도다

궁금해요

- 지존하신: 더없이 존귀하신
- 성소: 하나님이 계신 곳

년   월   일

말씀 배경 알아보기

○ 시편 46편

'루터의 시'로 알려질 정도로 마르틴 루터가 무척 좋아했던 시예요. 히스기야왕 시절에 앗수르의 침공으로 예루살렘성이 언제 무너질지 모르는 위기에서 지어졌다고 해요. 시편 기자는 바닷물이 솟고 산이 흔들릴지라도 하나님이 우리와 함께하시면 절대로 흔들리지 않는다고 고백합니다. 하나님이 바로 우리 피난처이시니까요.

외워 보기

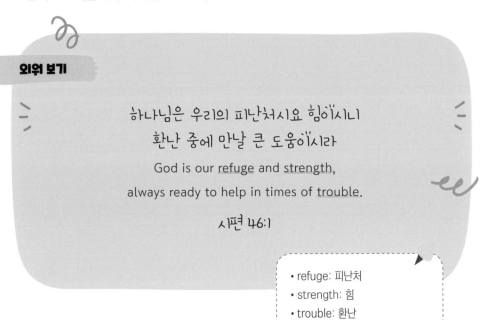

하나님은 우리의 피난처시요 힘이시니
환난 중에 만날 큰 도움이시라

God is our refuge and strength,
always ready to help in times of trouble.

시편 46:1

- refuge: 피난처
- strength: 힘
- trouble: 환난

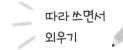

따라 쓰면서
외우기

하나님은 우리의 피난처시요 힘이시니

환난 중에 만날 큰 도움이시라

할 수 있다! 외워서 써 보기

말씀으로 기도하기

땅이 흔들리고 바닷물이 덮쳐도 하나님이 나를 지켜 주실 것을 믿어요.
예수님의 이름으로 기도합니다. 아멘.

말씀 익히기   다음 낱말을 보고 내가 표현하고 싶은 대로 그려 보세요.

시냇물	산

도움이 필요할 때, 생각해요 · 3

성전에 올라가는 노래

5 나 곧 내 영혼은 여호와를 기다리며 나는 주의 말씀을 바라는도다

6 파수꾼이 아침을 기다림보다 내 영혼이 주를 더 기다리나니 참으로 파수꾼이
   아침을 기다림보다 더하도다

7 이스라엘아 여호와를 바랄지어다 여호와께서는 인자하심과 풍성한 속량이 있
   음이라

8 그가 이스라엘을 그의 모든 죄악에서 속량하시리로다

궁금해요

• 속량하시리로다: 구원하시리로다

년   월   일

○ 시편 130편

이스라엘 절기에 맞추어 성전을 향해 여행하던 순례자들이 부르던 노래예요. 하나님 앞에 나아가고 싶어도 죄지은 것들이 자꾸 떠올라 괴로울 땐 어떻게 해야 할까요? 시편 기자는 죄를 고백하고, 주님의 용서를 간절히 바라며 기다리라고 말합니다. 회개 없이는 용서함이 없고, 용서함이 없으면 평안도 없으니까요.

외워 보기

나 곧 내 영혼은 여호와를 기다리며

나는 주의 말씀을 바라는도다

I am counting on the LORD; yes, I am counting on him.

I have put my hope in his word.

시편 130:5

• counting on: (여호와를) 기다리며

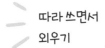

따라 쓰면서
외우기

나 곧 내 영혼은 여호와를 기다리며

나는 주의 말씀을 바라는도다

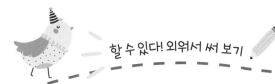

할 수 있다! 외워서 써 보기

용서하시는 하나님 앞에 용기 있게 고백하는 내가 되게 해 주세요.
예수님의 이름으로 기도합니다. 아멘.

 말씀 익히기   아래 [보기]에서 답을 찾아 빈칸을 채워 보세요.

나 곧 내 ○○은 여호와를 기다리며
나는 주의 ○○을 바라는도다 (시 130:5)

보기   말씀   마음   영혼   생각   율법   계명   행복

107

말씀 속에 답이 있어요 · 1

7   그의 손이 하는 일은 진실과 정의이며 그의 <u>법도</u>는 다 확실하니

8   영원무궁토록 정하신 바요 진실과 정의로 행하신 바로다

9   여호와께서 그의 백성을 속량하시며 그의 언약을 영원히 세우셨으니 그의 이름이 거룩하고 지존하시도다

10 여호와를 경외함이 지혜의 근본이라 그의 계명을 지키는 자는 다 훌륭한 <u>지각</u>을 가진 자이니 여호와를 찬양함이 영원히 계속되리로다

궁금해요

• 법도: 법률과 제도를 아울러 이르는 말
• 지각: 알아서 깨달음 또는 그런 능력

년   월   일

○ 시편 111편

이스라엘 백성들이 특별한 절기에 부르기 위해서 지어진 것으로, 하나님을 어떻게 찬송해야 하는가를 가르쳐 주는 노래랍니다. 시편 기자는 하나님이 행하신 모든 일을 기억하며 감사하고 있어요. 하나님은 자기를 경외하는 자들에게 양식을 주시며 언약을 영원히 잊지 않으셔요. 하나님을 경외함이 곧 "지혜의 근본"임을 잊지 마세요.

외워 보기

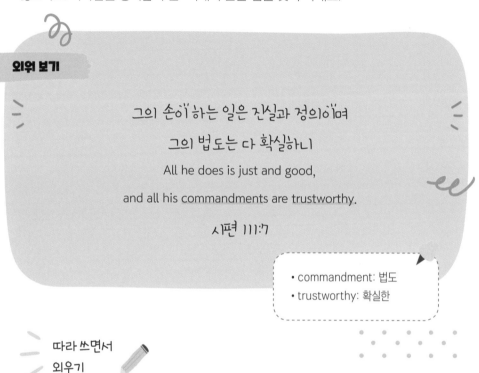

그의 손이 하는 일은 진실과 정의이며

그의 법도는 다 확실하니

All he does is just and good,

and all his commandments are trustworthy.

시편 111:7

- commandment: 법도
- trustworthy: 확실한

따라 쓰면서
외우기

그의 손이 하는 일은 진실과

정의이며 그의 법도는 다 확실하니

할 수 있다! 외워서 써 보기

말씀으로 기도하기

성경에서 읽은 하나님의 말씀과 하신 일들을 날마다 기억하게 해 주세요.
예수님의 이름으로 기도합니다. 아멘.

말씀 익히기

시편 111편 7~10절을 읽고 질문에 답해 보세요

1. 본문에 한 번도 나오지 않은 낱말은 무엇인가요? (   )

   ① 정의   ② 법률   ③ 계명   ④ 지각

2. '진실'이라는 낱말은 총 몇 번 나오나요? (   )

   ① 한 번   ② 두 번   ③ 세 번   ④ 네 번

말씀 속에 답이 있어요 · 2

1 할렐루야, 여호와를 경외하며 그의 <u>계명</u>을 크게 즐거워하는 자는 복이 있도다

2 그의 후손이 땅에서 <u>강성함</u>이여 정직한 자들의 후손에게 복이 있으리로다

3 부와 재물이 그의 집에 있음이여 그의 공의가 <u>영구히</u> 서 있으리로다

4 정직한 자들에게는 흑암 중에 빛이 일어나나니 그는 자비롭고 긍휼이 많으며 의로운 이로다

5 은혜를 베풀며 꾸어 주는 자는 잘 되나니 그 일을 정의로 행하리로다

궁금해요

- 계명: 하나님의 명령
- 강성함: 강하고 왕성함
- 영구히: 영원히

년   월   일

○ 시편 112편

바로 앞의 시편 111편과 짝을 이루는 시예요. 시편 기자는 복 있는 사람이 어떤 사람인지, 그가 누리는 복이 무엇인지를 알려 주고 있어요. '정직한 사람'에게는 흑암 속에서도 빛이 비칠 것이고, '은혜를 베풀며 꾸어 주는 사람'은 모든 일이 잘될 거예요. 하지만 그들을 지켜보는 악인들은 속이 뒤틀려 이를 갈면서 사라지고 말겠죠.

외워 보기

할렐루야, 여호와를 경외하며 그의 계명을
크게 즐거워하는 자는 복이 있도다

Praise the LORD! How joyful are those
who fear the LORD and delight in obeying his commands.

시편 112:1

• fear: 경외하다
• delight: 즐거워하다

따라 쓰면서
외우기

할렐루야, 여호와를 경외하며 그의 계명을

크게 즐거워하는 자는 복이 있도다

할 수 있다! 외워서 써 보기 ✏️

말씀으로 기도하기

두렵고 떨리는 마음으로 하나님을 사랑하고, 하나님이 주신 말씀을 즐거워합니다.
예수님의 이름으로 기도합니다. 아멘.

말씀 익히기 아래 빈칸에 들어갈 낱말을 찾아 색칠해 보세요.

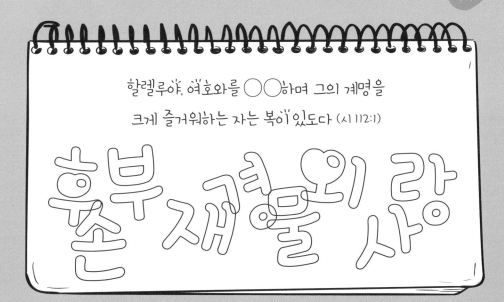

할렐루야, 여호와를 ○○하며 그의 계명을
크게 즐거워하는 자는 복이 있도다 (시 112:1)

140 　주의 말씀이 심히 순수하므로 주의 종이 이를 사랑하나이다

141 　내가 미천하여 멸시를 당하나 주의 법도를 잊지 아니하였나이다

142 　주의 의는 영원한 의요 주의 율법은 진리로소이다

143 　환난과 우환이 내게 미쳤으나 주의 계명은 나의 즐거움이니이다

144 　주의 증거들은 영원히 의로우시니 나로 하여금 깨닫게 하사 살게 하소서

궁금해요

- 심히: 지나치게
- 미천하여: 신분·지위 따위가 하찮고 천하여
- 우환: 근심되거나 걱정되는 일

말씀 따라 쓰기

년   월   일

○ 시편 119편

시편 119편은 성경에서 가장 긴 것으로 유명해요. 무려 176절이나 된답니다. 시편 기자는 고난 중에도 "주의 계명"이 "나의 즐거움"이라고 고백합니다. 하나님의 말씀은 밤새 부르짖어 구하고, 새벽녘에 깨어 읊조릴 만큼 귀해요. 진리의 말씀을 늘 사모하세요.

외워 보기

주의 의는 영원한 의요
주의 율법은 진리로소이다

Your justice is eternal, and your instructions are perfectly true.

시편 119:142

• justice: 의
• instruction: 율법, 명령

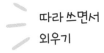

따라 쓰면서
외우기

주의 의는 영원한 의요

주의 율법은 진리로소이다

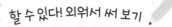 할 수 있다! 외워서 써 보기

어떤 일이 있어도 영원하신 하나님의 진리의 말씀을 떠나지 않겠습니다.
예수님의 이름으로 기도합니다. 아멘.

말씀 익히기 시편 119편 142절에서 "주의 의"는 어떤 의이고, "주의 율법"은 무엇이라고 말하고 있나요? 알맞은 낱말을 모두 찾아 ○표 하세요.

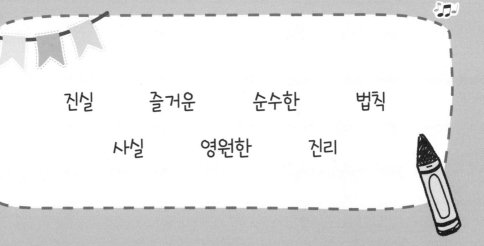

진실   즐거운   순수한   법칙

사실   영원한   진리

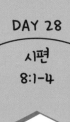

찬양할 수밖에 없을걸요 · 1

다윗의 시

1 여호와 우리 주여 주의 이름이 온 땅에 어찌 그리 아름다운지요 주의 영광이 하늘을 덮었나이다

2 주의 대적으로 말미암아 어린아이들과 젖먹이들의 입으로 권능을 세우심이여 이는 원수들과 보복자들을 잠잠하게 하려 하심이니이다

3 주의 손가락으로 만드신 주의 하늘과 주께서 베풀어 두신 달과 별들을 내가 보오니

4 사람이 무엇이기에 주께서 그를 생각하시며 인자가 무엇이기에 주께서 그를 돌보시나이까

궁금해요

- 대적: 맞서 겨루는 상대나 적
- 권능: 권세와 능력을 아울러 이르는 말
- 보복자: 앙갚음하는 사람

말씀 따라 쓰기

년   월   일

말씀 배경 알아보기

○ 시편 8편

다윗은 자연계에 드러난 창조주 하나님의 권능과 영광, 인간을 향한 은총을 찬양합니다. 이스라엘의 회중 예배나 절기 때에 이 노래를 자주 불렀다고 해요. 주위를 둘러보세요. 온 땅과 하늘에 가득한 주의 영광이 보이나요? 온 땅에 아름다운 주의 이름을 찬양해 보세요.

외워 보기

여호와 우리 주여 주의 이름이 온 땅에 어찌 그리 아름다운지요
주의 영광이 하늘을 덮었나이다

O LORD, our LORD, your majestic name fills the earth!
Your glory is higher than the heavens.

시편 8:1

• majestic: 아름다운, 장엄한
• heaven: 하늘

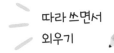

따라 쓰면서
외우기

여호와 우리 주여 주의 이름이 온 땅에 어찌
그리 아름다운지요 주의 영광이 하늘을
덮었나이다

할 수 있다! 외워서 써 보기

말씀으로 기도하기

온 땅과 하늘에 가득한 주의 영광을 보고 기뻐하는 마음을 갖게 해 주세요.
예수님의 이름으로 기도합니다. 아멘.

말씀 익히기 예쁘게 색칠해 보세요.

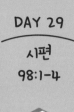

찬양할 수밖에 없을걸요 · 2

시

1 새 노래로 여호와께 찬송하라 그는 기이한 일을 행하사 그의 오른손과 거룩한 팔로 자기를 위하여 구원을 베푸셨음이로다

2 여호와께서 그의 구원을 알게 하시며 그의 공의를 뭇 나라의 목전에서 명백히 나타내셨도다

3 그가 이스라엘의 집에 베푸신 인자와 성실을 기억하셨으므로 땅끝까지 이르는 모든 것이 우리 하나님의 구원을 보았도다

4 온 땅이여 여호와께 즐거이 소리칠지어다 소리 내어 즐겁게 노래하며 찬송할지어다

궁금해요

• 기이한: 묘하고 이상한
• 뭇 나라: 매우 많은 나라

124

년   월   일

말씀 배경 알아보기

○ 시편 98편

이 시는 이스라엘 백성을 바벨론 포로 생활에서 해방시켜 주신 하나님을 찬양하는 시로 알려져 있어요. 주님은 기적을 일으키시고, 구원을 베푸시는 분이에요. 하나님의 심판이 임할 때, 하나님을 거스르는 악인은 두려움에 떨겠지만, 하나님의 인자와 성실을 기억하는 사람들은 오히려 위로받고 즐겁게 노래할 것입니다.

외워 보기

온 땅이여 여호와께 즐거이 소리칠지어다
소리 내어 즐겁게 노래하며 찬송할지어다

Shout to the LORD, all the earth; break out in praise and sing for joy!

시편 98:4

• shout: 소리치다
• earth: 땅

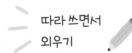

따라 쓰면서 외우기

온 땅이여 여호와께 즐거이 소리칠지어다

소리 내어 즐겁게 노래하며 찬송할지어다

어린이 시편 한 달 쓰기

할 수 있다! 외워서 써 보기 ✏️

말씀 익히기

가로 세로 퍼즐을 맞춰 시편 98편 1~4절 말씀을 완성해 보세요

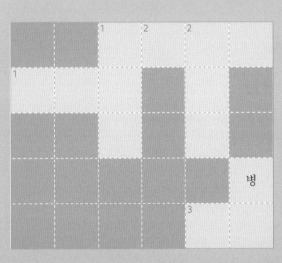

가로 열쇠

1. ㅈㄱㅇ 소리칠지어다 (4절)

2. 기이한 일을 ㅎㅎㅅ (1절)

3. ㄱㅇ을 보았도다 (3절)

세로 열쇠

1. ㄱㅇㅎ 일을 행하사 (1절)

2. 우리 ㅎㄴㄴ의 (3절)

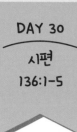

찬양할 수밖에 없을걸요 · 3

1 여호와께 감사하라 그는 선하시며 그 인자하심이 영원함이로다

2 신들 중에 뛰어난 하나님께 감사하라 그 인자하심이 영원함이로다

3 주들 중에 뛰어난 주께 감사하라 그 인자하심이 영원함이로다

4 홀로 큰 기이한 일들을 행하시는 이에게 감사하라 그 인자하심이 영원함이로다

5 지혜로 하늘을 지으신 이에게 감사하라 그 인자하심이 영원함이로다

궁금해요

• 홀로: 자기 혼자서만

년   월   일

○ 시편 136편

대표적인 찬송시예요. 이스라엘의 가장 중요한 세 절기인 무교절(유월절), 칠칠절(신약의 오순절), 초막절(장막절, 추수감사절)에 가정이나 성전에서 즐겨 불리던 노래랍니다. 구절마다 "그 인자하심이 영원함이로다"가 후렴구처럼 반복되고 있어요. 인도자가 앞부분을 먼저 부르면, 회중이 후렴구로 화답하는 형식으로 불렀을 것으로 보여요.

외워 보기

여호와께 감사하라 그는 선하시며 그 인자하심이 영원함이로다

Give thanks to the LORD, for he is good!

His faithful love endures forever.

시편 136:1

- endures forever: 영원하다

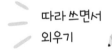

따라 쓰면서
외우기 ✏️

여 호 와 께 감 사 하 라 그 는 선 하 시 며

그 인 자 하 심 이 영 원 함 이 로 다

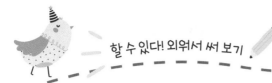

할 수 있다! 외워서 써 보기 ✏️

좋으신 하나님의 은혜를 날마다 기억하는 내가 되게 해 주세요.
예수님의 이름으로 기도합니다. 아멘.

말씀 익히기 아래 [보기]에서 답을 찾아 빈칸을 채워 보세요.

여호와께 ○○하라 그는 선하시며
그 ○○하심이 ○○함이로다 (시 136:1)

보기   위대   감사   송축   영원   자비   찬송   인자

다윗의 찬송시

1 왕이신 나의 하나님이여 내가 주를 높이고 영원히 주의 이름을 송축하리이다

2 내가 날마다 주를 송축하며 영원히 주의 이름을 송축하리이다

3 여호와는 위대하시니 크게 찬양할 것이라 그의 위대하심을 측량하지 못하리로다

4 대대로 주께서 행하시는 일을 크게 찬양하며 주의 능한 일을 선포하리로다

5 주의 존귀하고 영광스러운 위엄과 주의 기이한 일들을 나는 작은 소리로 읊조리리이다

 궁금해요

• 측량하지: 그 높이와 깊이와 넓이를 재지
• 읊조리리이다: 묵상하겠습니다

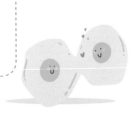

년   월   일

○ 시편 145편

이 시는 성경에 기록된 다윗의 마지막 찬양입니다. '찬송시'라는 표제어가 붙은 유일한 시편이기도 해요. 다윗은 인생의 쓴맛과 단맛을 다 맛본 사람이에요. 그가 살면서 깨달은 것은 하나님이야말로 그의 왕이시라는 사실이었어요. 다윗은 어떤 일이 있어도 위대하신 주님의 영광을 찬양하겠노라고 다짐합니다. 오늘 나는 어떤 다짐을 하면 좋을까요?

외워 보기

왕이신 나의 하나님이여 내가 주를 높이고
영원히 주의 이름을 송축하리이다

I will exalt you, my God and King, and praise your name forever and ever.

시편 145:1

• exalt: 송축하다, 찬양하다

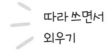

따라 쓰면서
외우기

왕이신 나의 하나님이여 내가 주를 높이고

영원히 주의 이름을 송축하리이다

할 수 있다! 외워서 써 보기

나를 사랑하시는 나의 왕, 나의 하나님을 영원히 높이고 찬양하기를 원합니다.
예수님의 이름으로 기도합니다. 아멘.

말씀 익히기

시편 145편 1절에서 "나의 하나님"을 누구로 표현했나요?
또 "주의 이름"을 어떻게 하겠다고 고백하고 있나요?
알맞은 낱말을 모두 찾아 ○표 하세요.

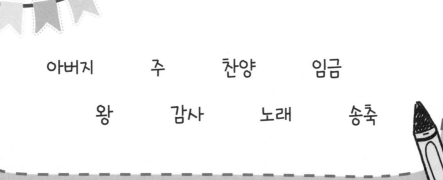

아버지   주   찬양   임금

왕   감사   노래   송축

Day 01

¹목	¹자			²누	
	기			²이	름
				시	
³막	대	기		며	
		도			

Day 03 평안, 사랑, 형통

Day 04 ③/②

Day 05 인도

Day 06 돕는 이, 생명

Day 08

¹우	리				²큰
리					일
			²눈	물	을
³반	드	시			
		작			

Day 10 율법, 주야, 묵상

Day 11 ②/③

Day 12 지혜

Day 13 병거, 말, 이름

어린이 시편 한 달 쓰기

Day 15

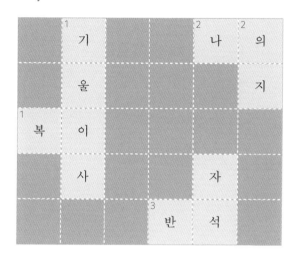

Day 17 버리지, 하나님, 멀리

Day 18 ①/②

Day 19 보호

Day 20 지금, 영원

Day 22

Day 24 영혼, 말씀

Day 25 ②/②

Day 26 경외

Day 27 영원한, 진리

Day 29

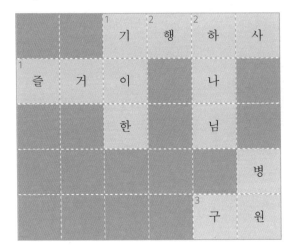

Day 30 감사, 인자, 영원

Day 31 왕, 송축

어린이 시편 한 달 쓰기

하나님의 자녀　　　　　입니다.

Day 27
참 잘했어요

Day 26
참 잘했어요

Day 28
참 잘했어요

Day 01
참 잘했어요

Day 02
참 잘했어요

Day 03
참 잘했어요

Day 04
참 잘했어요

Day 05
참 잘했어요

Day 06
참 잘했어요

Day 29
참 잘했어요

Day 07
참 잘했어요

Day 08
참 잘했어요

Day 09
참 잘했어요

Day 10
참 잘했어요

Day 30
참 잘했어요

Day 12
참 잘했어요

Day 13
참 잘했어요

Day 14
참 잘했어요

Day 11
참 잘했어요

Day 16
참 잘했어요

Day 17
참 잘했어요

Day 15
참 잘했어요

Day 18
참 잘했어요

Day 19
참 잘했어요

Day 20
참 잘했어요

Day 21
참 잘했어요

Day 24
참 잘했어요

Day 22
참 잘했어요

Day 23
참 잘했어요

Day 25
참 잘했어요

Day 31
참 잘했어요

나는 포도나무요
너희는 가지라
그가 내 안에
내가 그 안에 거하면
사람이 열매를 많이 맺나니
나를 떠나서는
너희가
아무것도 할 수 없음이라
_요한복음 15장 5절

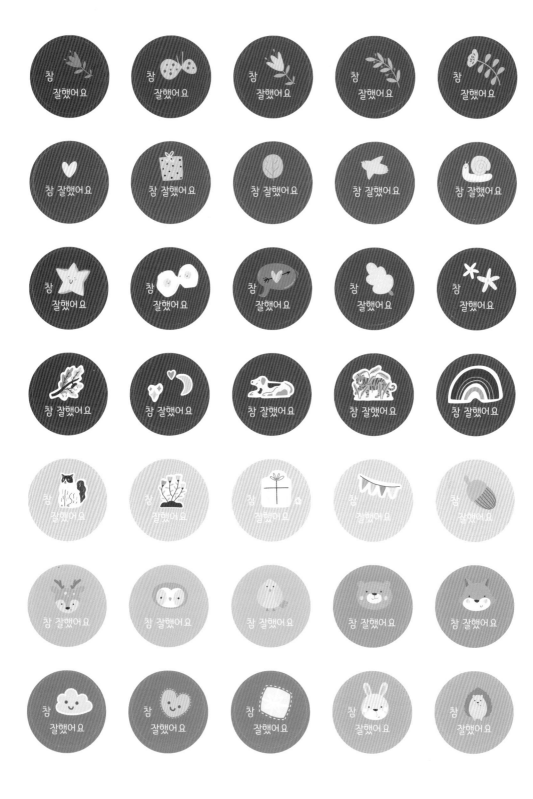

Day 01

여호와는 나의 목자시니 내
게 부족함이 없으리로다
시편 23:1

Day 02

여호와는 그들의 힘이시요
그의 기름 부음 받은 자의
구원의 요새이시로다
시편 28:8

Day 03

예루살렘을 위하여 평안을
구하라 예루살렘을 사랑하
는 자는 형통하리로다
시편 122:6

Day 04

여호와는 나의 빛이요 나의
구원이시니 내가 누구를 두
려워하리요 여호와는 내 생
명의 능력이시니 내가 누구
를 무서워하리요
시편 27:1

Day 05

주의 빛과 주의 진리를 보
내시어 나를 인도하시고 주
의 거룩한 산과 주께서 계
시는 곳에 이르게 하소서
시편 43:3

Day 06

하나님은 나를 돕는 이시며
주께서는 내 생명을 붙들어
주시는 이시니이다
시편 54:4

Day 07

감사함으로 그의 문에 들어가
며 찬송함으로 그의 궁정에
들어가서 그에게 감사하며 그
의 이름을 송축할지어다
시편 100:4

Day 08

눈물을 흘리며 씨를 뿌리는
자는 기쁨으로 거두리로다
시편 126:5

Day 09

네가 네 손이 수고한 대로
먹을 것이라 네가 복되고
형통하리로다

시편 128:2

Day 10

오직 여호와의 율법을 즐거
워하여 그의 율법을 주야로
묵상하는도다

시편 1:2

Day 11

높이 계신 여호와의 능력은
많은 물 소리와 바다의 큰
파도보다 크니이다

시편 93:4

Day 12

지혜 있는 자들은 이러한
일들을 지켜보고 여호와의
인자하심을 깨달으리로다

시편 107:43

Day 13

어떤 사람은 병거, 어떤 사
람은 말을 의지하나 우리는
여호와 우리 하나님의 이름
을 자랑하리로다

시편 20:7

Day 14

영광의 왕이 누구시냐 강하
고 능한 여호와시요 전쟁에
능한 여호와시로다

시편 24:8

Day 15

나를 기가 막힐 웅덩이와
수렁에서 끌어올리시고 내
발을 반석 위에 두사 내
걸음을 견고하게 하셨도다

시편 40:2

Day 16

허물의 사함을 받고 자신의
죄가 가려진 자는 복이 있
도다

시편 32:1

Day 17

여호와여 나를 버리지 마소
서 나의 하나님이여 나를
멀리하지 마소서

시편 38:21

Day 18

우슬초로 나를 정결하게 하
소서 내가 정하리이다 나의
죄를 씻어 주소서 내가 눈
보다 희리이다

시편 51:7

Day 19

내가 주를 바라오니 성실과
정직으로 나를 보호하소서

시편 25:21

Day 20

여호와께서 너의 출입을 지
금부터 영원까지 지키시리
로다

시편 121:8

Day 21

내가 주의 영을 떠나 어디로
가며 주의 앞에서 어디로 피
하리이까

시편 139:7

Day 22

하나님이여 사슴이 시냇물
을 찾기에 갈급함 같이 내
영혼이 주를 찾기에 갈급하
니이다

시편 42:1

Day 23

하나님은 우리의 피난처시
요 힘이시니 환난 중에 만
날 큰 도움이시라

시편 46:1

Day 24

나 곧 내 영혼은 여호와를
기다리며 나는 주의 말씀을
바라는도다

시편 130:5

Day 25

그의 손이 하는 일은 진실
과 정의이며 그의 법도는
다 확실하니

시편 111:7

Day 26

할렐루야, 여호와를 경외하
며 그의 계명을 크게 즐거
워하는 자는 복이 있도다

시편 112:1

Day 27

주의 의는 영원한 의요 주
의 율법은 진리로소이다

시편 119:142

Day 28

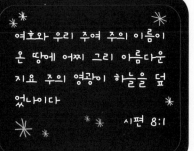

여호와 우리 주여 주의 이름이
온 땅에 어찌 그리 아름다운
지요 주의 영광이 하늘을 덮
었나이다

시편 8:1

Day 29

온 땅이여 여호와께 즐거이
소리칠지어다 소리 내어 즐
겁게 노래하며 찬송할지어다

시편 98:4

Day 30

여호와께 감사하라 그는 선
하시며 그 인자하심이 영원
함이로다

시편 136:1

Day 31

왕이신 나의 하나님이여 내
가 주를 높이고 영원히 주
의 이름을 송축하리이다

시편 145:1